三皇炮捶拳全书

高文成 编著

科学技术文献出版社
SCIENTIFIC AND TECHNICAL DOCUMENTATION PRESS
·北京·

图书在版编目（CIP）数据

三皇炮捶拳全书 / 高文成编著. — 北京：科学技术文献出版社，2019.5
ISBN 978-7-5189-5458-2

Ⅰ. ①三… Ⅱ. ①高… Ⅲ. ①长拳—套路 (武术) Ⅳ. ① G852.121.9

中国版本图书馆 CIP 数据核字 (2019) 第 074813 号

三皇炮捶拳全书

| 策划编辑：孙江莉 | 责任编辑：王 培 | 责任校对：张吲哚 | 责任出版：张志平 |

出 版 者	科学技术文献出版社	
地 址	北京市复兴路15号　邮编 100038	
编 务 部	(010) 58882938，58882087（传真）	
发 行 部	(010) 58882868，58882870（传真）	
邮 购 部	(010) 58882873	
官方网址	www.stdp.com.cn	
发 行 者	科学技术文献出版社发行　全国各地新华书店经销	
印 刷 者	香河利华文化发展有限公司	
版 次	2019 年 5 月第 1 版　2019 年 5 月第 1 次印刷	
开 本	710×1000　1/16	
字 数	110千	
印 张	8.5	
书 号	ISBN 978-7-5189-5458-2	
定 价	39.80元	

版权所有　违法必究

购买本社图书，凡字迹不清、缺页、倒页、脱页者，本社发行部负责调换

高文成简介

高文成，男，1968年1月30日生于北京，自幼习武，1974年在北京西单体育场少年武术培训中心学习武术基本功，1982年2月，正式跟随北京著名武术家三皇炮捶拳第八代传承人、武术大师张凯先生学习三皇炮捶拳。由于勤奋好学、刻苦练功，深得张老师喜爱，正式拜武术大师张凯先生为师，成为三皇炮捶拳第九代传承人。1985—1998年，参加了北京武术协会主办的武术比赛和表演赛，荣获第一届、第二届拳术组第一名，器械组第二名，对练组第三名的好成绩。

2002年6月，正式拜北京陈式心意混元太极拳一代宗师冯志强大师的二弟子，武术大家张福德先生为师。师父张福德早年出家，精通少林武学内功术及少林洗髓真经和各门派功法。其中，霸王肘、绵砂掌堪称一绝。2003年，高文成得到了著名武术家冯志强大师的厚爱与提携，亲自传授内功心法、混元太极内功、缠丝功、养生功法、心意混元太极拳套路、推手技击等。

高文成现为：中国武术协会会员；

北京市武术协会三皇炮捶研究会会员；

北京市武术协会三皇炮捶研究会天坛辅导站站长；

北京市武术协会陈式太极拳研究会会员；

国家体育运动委员会三级社会体育指导员；

中国佛教协会广济寺居士（法号弘成）。

序

　　三皇炮捶第九代传承人高文成自幼习武，天资聪慧，虚心好学，尊师爱友，是我炮捶门张凯门下众多弟子中的佼佼者。自从1982年到我门下学习三皇炮捶拳至今，他勤学苦练，几十年如一日，先后继承了炮捶拳的功法、技法、心法、意法等，他是我最得意的弟子中的一员，是我亲传亲授的弟子，我非常看好他。

　　由于高文成刻苦练功，勤奋好学，他在武学上有了很大的进步。他先后参加了由北京市政府和各区县举办的武术比赛和表演赛并取得了优异成绩。1998年，日本武术杂志社总编到北京采访三皇炮捶拳，高文成作为我的助手参加了动作示范、图片编辑工作，同年，文章在日本杂志上出版发行。1999年，高文成随我在《中华武术展示工作》教学光盘中，进行动作拳法功法的录制示范工作，同年，此光盘在全国新华书店发行。

  高文成德才兼备，为人朴实，在我徒子徒孙中是比较出类拔萃的，他为人善良，从不好勇斗狠，他尊师爱友，团结同道，在我的徒弟里面是最仁义的，声望也是最好的。

  希望他今后谦虚谨慎、不骄不躁，永远保持不断学习、不断进取的良好心态，在武学道路上，获得更高更好的造诣。希望各武林同道的朋友们多提宝贵意见。

张　凯
2018年11月18日

自 序

我自幼酷爱武术，曾练过少林拳、三皇炮捶拳、陈式心意混元太极拳及各家拳法，14岁那年正式拜北京市著名武术家三皇炮捶第八代传承人张凯先生为师，系统学习炮捶、拳法、功法、器械、内功、技击等，正式成为三皇炮捶第九代传承人。

每当我漫步在雕梁画栋、古香古色的北京著名的集书画、古玩为一体的琉璃厂东街，我的心情就无比激动。无数个日日夜夜，我和师兄弟们在师父的带领下，在中国书店门前大槐树下刻苦练功，切磋技艺，取长补短，我们的功夫也在突飞猛进。

在我的记忆中有许多值得回忆的事，让我最难忘的是每到春夏之季，琉璃厂东街大槐树下，我们练功人数最多时能达到四五十人，其中有活泼可爱的儿童，朝气蓬勃的青少年，还有大学生、工人和干部，都在师父的统领下，系统学习演练炮捶门拳法、功法，人数众多，规模庞大。附近的居民和慕名而来的各界朋友在此观看我们师兄弟们练功，在当时真是街边一景，观者如云，热闹非凡。在北

京市武术界和炮捶门内远近闻名，家喻户晓。当时每到节假日，师父就带领我们师兄弟到各大公园参加由市政府和各区县举办的庙会和文艺会演，还参加了无数次的北京市、区、县武术比赛，得到了北京市武术协会领导和老一辈武术家的好评，并取得优异成绩。在成绩面前师父再三嘱咐我们千万不要自满，告诫我们要谦虚谨慎、戒骄戒躁、团结同道、尊重他人、鞭策自己，做个真正的习武之人。我们师兄弟们尊重师父教诲，师兄弟们感情至深，就像亲兄弟一样，互相帮助，共同进步。当遇到困难时，师兄弟们都义不容辞地帮助对方，有钱出钱，有力出力，师父师娘对我们是一种无尽的爱，每次练完功回家都得到师娘的体贴照顾，她像对自己孩子一样在生活事业方面给予我们无尽的关怀和教诲，她关心我们师兄弟每个人的成长，处处呵护着我们。她对我们的爱是无私的，充满温暖，我们永远感恩她老人家。我还特别感谢我的师兄们，如马峥、李国清（加拿大）、李孟然、于万林、唐郎、刘俊杰、梁锁昌、刘福斋、王琪等，他们在不同时间段给予我极大帮助、关心，对我来说都是弥足珍贵的，我会永远珍惜我们兄弟的情义。

2000年初春，我到天坛公园南门练功，偶遇当代武术大家、内功家，精通少林易筋经、少林增演易筋洗髓内功、八段锦和道家内功功法的武术大师张福德先生，他在20世纪60年代拜北京陈式心意混元太极拳一代宗师冯志强先生为师。张福德先生功夫纯正，

对武学修为至深，非常人能及，对中华传统武术文化有着独特的见解，他为人和善，做事低调，从不贪图名利。当他看到我练功后对我的身体素质和功架非常喜欢，我们很快攀谈起来，老人家问我："练功几年了？"我说："快30年了。"张老先生听了很是欣赏，说："真不易，能坚持到今天，你是个练武的好苗子……"当时老人家和我谈了很多，从如何修炼内气、内劲到以拳练功、以功养拳；如何通过站桩、养气、运气、转气来修炼内气，增强体内丹田的能量，达到内壮神勇、外强筋骨的目的。老人家说："一定要会养，会练会养才能成功，武术功法是心神意静浑然一体的整体运动，是意气形神之法则，要有闪展腾挪、惊炸弹抖的刚柔内劲的弹簧力。"通过和老人家长谈，使我更加深刻地了解到，炮捶门和道家功法在拳法理伦技术功法上的相同之处，对今后修炼炮捶功法、劲法有了极大的帮助。因老人家看中，2002年6月，我正式拜张福德先生为师，系统学习了少林内功易筋经、八段锦、洗髓真经、陈式心意混元太极拳等。2003年，我有幸得到了著名武术家、陈式心意混元太极拳创始人冯志强大师的厚爱，传授了混元太极内功、缠丝功、太极

拳套路、推手技击等。通过不断地学习，我在武学道路越走越宽，身体整体素质得到了提高。

由于自1974年参加少年武术基本功训练，并得到三皇炮捶拳第八代传承人、武术名家我的恩师张凯先生的精心教育培养，我取得了一些好成绩：1985—1998年，我先后参加北京市武术协会主办的武术比赛和三皇炮捶研究会主办的武术比赛，1989年以后，我随师父参加了北京市政府和区县举办的庙会和武术精英表演赛，并获得优异成绩。1998年，师父在日本武术杂志上发表了3篇介绍三皇炮捶拳的文章，我作为师父的助手和师兄弟们一起参加了动作示范和图片编辑工作。1999年，师父在《中华武术》《精武》《武林》《武魂》《武当》等杂志上分别发表了关于三皇炮捶拳的历史、传承功法、绝技等文章，文章中的图片资料都由我示范。在《中华武术展示工作》的教学光盘中，所有炮捶门的拳法、功法、技击和动作都是由师父和我示范录制，并在全国各大新华书店发行。

2018年1月16日，我在师兄们和各方朋友的大力支持下，在天坛西门开办了三皇炮捶研究会天坛辅导站。我们在开班之际，陆陆续续接待了来自俄罗斯的东欧武馆访华团和多国国际友人，还有来自社会各界喜爱武术和热爱三皇炮捶拳的朋友们，同时还与几所学校一起创办了武术培训班，向他们传授了拳法、功法、器械等，为弘扬发展三皇炮捶拳做了一定的贡献。在此，我衷心感谢天坛辅导站所有的朋友们、师兄们，如刘万忠、马文斌、倪润华、徐振礼、周建军、李杰等，感谢一直以来对我的关心，对我的帮助，我会记得你们对我的好，真心真意地感谢你们，我会永远珍惜我们之间的亲兄弟般的感情，让我们今后一起发展，一起开拓，更好地弘扬中华传统武术文化，传承好老前辈的武学、武技、武德，为把三皇炮捶拳推向千家万户，走向世界，做出我们应有的贡献。

目 录

三皇炮捶拳简介 ………………………………… 1

炮捶拳一趟 ……………………………………… 9

炮捶拳二趟 ……………………………………… 27

炮捶拳三趟 ……………………………………… 44

炮捶拳四趟 ……………………………………… 66

炮捶拳五趟 ……………………………………… 85

炮捶短拳（子母拳） …………………………… 104

三皇炮捶拳传承 ………………………………… 119

三皇炮捶拳传代谱 ……………………………… 123

三皇炮捶拳简介

三皇炮捶历史悠久，风格独特，是中国传统武文化中不可或缺的文化瑰宝。据古谱记载：自从盘古开天地，三皇治世安天下。三皇者，天皇伏羲，地皇神农，人皇黄帝，故本门奉人皇为祖也。天、地、人三才合一，乃三皇门是也（又称人宗门、人祖门）。拳理讲究出手如捶、发劲如炮、气势刚猛，故名炮捶，合称乃"三皇炮捶"。

三皇炮捶拳是上古搏击格斗之法，随着历史的变迁，繁衍发展，日益成熟，逐渐形成了自己的运动规律及特点。由于历史悠久，各代传人均无法考证。明末清初河南嵩山少林寺高僧普照大和尚得以传授三皇炮捶拳（在普照大和尚之前的传承没有文字记载，故世间均以普照大和尚为三皇炮捶第一代祖师）。康雍年间，普照大和尚将拳术传授于江南甘凤池和河北冀县（今衡水市冀州区）武术名家乔三秀。甘凤池被怀疑有反清复明之疑，被清兵追捕隐居山林，因他武功高强，内外兼修，江湖人称"江南大侠"，此为第二代弟子。乾隆年间，乔三秀回河北冀县（今衡水市冀州区），将本拳术传其子乔龄（字鹤龄）。作为第三代弟子，乔鹤龄武艺出众，为提高武学走遍大江南北，拜名师访高友，云游天下。在云游四川峨眉山时，遇峨嵋道人（道家），二人相见如故，谈得非常投机，兹后精心研究，将本门拳术得以提高，发扬光大。乔鹤龄晚年时将拳术传授于4个弟子：宋迈伦，张文彩，王双奎，于连登。他们共为三皇炮捶第四代弟子。其中宋迈伦、于连登根据自己身体素质潜心钻研，发挥了各自的特长，于连登继承了传统拳架，宋迈伦崇文尚武，博学多识，在家闭门3年，潜心研习三皇炮捶及各拳种之精华，并与三皇炮捶融为一体，开创了"夫子三拱手"之绝技，创新和发展了三皇炮捶的拳法、功法、技法，从此三皇炮捶拳分为于、宋两派。

清道光年间，宋迈伦来京报考神机营报效国家，被神机营老七王爷看重，并与营中教练和各门武林高手比武，众武术高手皆败于宋迈伦手下，老七王爷甚喜，惊呼："真乃神拳也！"遂赐五品亮蓝顶戴之职，从此"神拳宋迈伦"享誉武林。宋迈伦后来目睹了朝政腐败，报国无望，辞去官职，在北京前门外粮食店街创办了北京第一家镖局——京都会友镖局。宋迈伦为保护在京客商和外来客商的安全走镖、护镖，由于他武功卓著，以武会友，诚信为本，深受来往客商的信赖。宋迈伦同时传授武艺，广收门徒，从此开拓了北京三皇炮捶门历史的新辉煌。

于连登，字金榜，自幼喜欢武枪弄棒，壮年时拜乔鹤龄为师学习三皇炮捶拳。由于他勤奋好学颇受乔公喜爱，得以真传，师徒、兄弟之间感情深厚。于连登继承和发扬了传统功架，艺成后回归山东故乡，尊乔老之教诲，在家乡广收门徒，刻苦修炼，经数十载深入研究和探讨，继承了传统又创新发展了自己的独特风格，形成了新的一派——于派三皇炮捶拳。于连登晚年时传艺于5个儿子与众多徒弟，可惜无一人有所成就，谁料老人家第六子于鉴（字镜堂），天资聪颖，多年来暗地偷学，终成大器。于连登知晓后因年事已高已无法传授，故此临终前让于鉴进京投师伯宋迈伦深造。于鉴进京后，得到宋迈伦师伯的真传，拳艺精通，功达上承，故有"于拳宋手"之说。他是唯一的合于、宋

三皇炮捶拳简介

两家功法为一身的继承人，因脑后留存有条小辫，江湖人称"小辫于"。京都会友镖局创立后，于鉴与同门师兄弟一起主持，专走西北路镖，在走镖时遇山贼劫镖，于鉴手持大杆伤敌20余人，力降2寇，从此威震武林。于鉴在京都会友镖局期间，长期在前门外九门钱市传徒授艺，弟子众多，威名远扬，其中有"铁罗汉"王福全、大刀刘德胜、大枪侯金奎、陈友清，这都是京都会友镖局第二代著名镖师，也是三皇炮捶于派第六代弟子。

三皇炮捶属于内家拳法，它集各家拳术之精华，在武林界独树一帜。三皇者，天，地，人，三才，炮捶者，出手如炮，落手如捶，此拳以气为主，以理当先，一招一式，一收一发，一呼一吸，沉稳刚劲，松活弹抖，周身上下统一整劲，练习本拳术要求内外合一，周身一家。内有精、气、神，外有手、眼、身，气沉丹田，以腰为轴，上下相随力达六面，劲达八方。拳谱云，气沉丹田意为主，上下相随劲为主，发力时，气劲合一，刚柔相济，气势勇猛，有刀劈斧剁之意，勇往直前，势不可挡。

三皇炮捶的基本理论内容丰富，实用性强，讲究上步有情理，脚下有圈裆，进退如一，攻守兼备，内外兼顾，炮捶者之根基要稳，气血要足。古谱云，丹田用力鼓，两手如捉虎，胸中劲要撒，两足如掘土。故炮捶为一身之法，炮捶的步法以步下圈裆不失根，拧腰转胯心要灵。圈裆步又称四六步，前四后六，前脚内扣，后脚伸直，两手变爪护胸，前手护面、护胸，后手护阴，两肘护肋，含胸拔背，松肩沉肘之意。十字捶，以腰为轴，前弓后蹬，两手变拳转膀挺腕，两腿裹膝旋踝，达于四梢，左右旋转，力撑六面，劲达八方，足根稳若泰山。拳谱六，两臂相拧如怪蟒翻身，头顶足抓上下有力，前冲后击两劲相挣，左顾右盼不失中定。周身一家整劲，炮捶拳一招一式每一发劲，鼻中擤气，讲究一呼一吸以顺呼吸为主，逆呼吸为辅，发力时以逆呼吸为主，只小腹及带脉充实鼓荡，而做到胸空腹实，上虚下实之说，实腹可固肾，肾为性命之源，为人体之本，肾壮，则精气充足，神清目明，又锻炼了任、督二脉，又使带脉充实肌肉丰满，小腹冲脉气血旺盛，以腰为轴灵巧快健，左右旋转，上下相合，动静自然锻炼腰、腹、胯磨盘旋转之功法，往复运动，既锻炼了内脏器官的功能，又增强了血液流通和新陈代谢，强壮体魄，身心舒畅，能使胸部发达宽厚，增强脏腑功能，提高人体综合素质，是一部祛病延年、滋养五脏、松气松身、刚柔相济的功法。

三皇炮捶拳内容丰富多样，主要有拳术、对练、桩功、养生、技击散打、器械等。

拳术包括：炮捶套路、一至十二趟炮捶、两趟拆手拳、炮捶短拳（又称子母拳）。十二炮法：开门炮、脑后炮、泻肚炮、转脚炮、十字炮、连环炮、冲天炮、七星炮、窝心炮、撩阴炮、扎地炮、劈山炮。

桩功包括：伏虎桩、坐虎桩、马步桩、虚步桩、麒麟桩。桩功还有五式功法，包括开弓式、拉马式、单鞭式、连环式、披炉式。炮捶单，双操手有挑、横、劈、撮、顶、双挂、双挫、双抖、双挣、双拿。以上为炮捶技击功法，用法必练之技法。

"夫子三拱手"是炮捶技击散打之术，包括：

（1）双捶双挫势。（2）劈砸上步双挫势。（3）劈砸上步双抖势。（4）双捋带步双挫势。（5）通背撩阴掌势。（6）巨轮通背小臂势。（7）挺背千斤坠势。（8）力破双拿势。（9）单捋反背腰如轴势。

（10）脚趟脑后炮势。（11）撤步变攻势。（12）点胸反背掌势。

器械包括：（1）炮捶大枪，一丈二尺四寸，枪头二斤半左右。（2）炮捶大剑，三斤八两。（3）长短兵器有刀、枪、剑、棍、单双软器械。其中大枪三趟：一趟是大观枪又叫十八枪，二趟是三十六点枪，三趟是四势枪又叫四步枪。大剑长三尺六寸，剑袍与剑身同长，大剑套路花样内容丰富，灵活多变，重点是锻炼腰腿功法，特点是剑身合一，身气合一，气神合一，剑随身走，以身带剑。行如蛟龙出海，静如灵猫捕鼠，是炮捶拳特有的长功之法，故有"三长一重"之说。炮捶拳剑枪是三皇炮捶门独有上乘养功用功之法门。

三皇炮捶拳法是以炮捶之根为基础，根乃万物之源，无根则不生。炮捶根是拳械的锻炼基础和理论宝库，生动形象地刻画出三皇炮捶拳风格特点。经过长期实践钻研，基本吸收动物自身技能及武术内涵之精华于一身，是历代三皇炮捶祖辈的心血结晶，是后辈人学习理论功法的基础。拳谱云，雕爪蛇腰出水龙，金钩入地得太平，和面悦色真刚毅，舌丹入海得内情，怀抱太极乾坤在，阴阳变化鬼神惊。雕爪是三皇炮捶拳特种手型和手法。雕乃鹰也，鹰爪锋利无比有入肉三分之寒，是内家功法中的不可或缺的拍打，抓拿，叼扣指法功法。蛇腰出水龙是强调身法灵活多变，腰胯转换自如，拧腰必转胯。脊椎骨由33块椎骨组成，颈椎7块后有26块骨，包括胸椎、腰椎、骶椎、尾椎。颈椎第七块椎骨棘突下，两膀峰连线的中点为人体阳经之汇点一大穴——大椎穴。从大椎穴到长强穴（长强穴位于尾骨端与肛门之间的一个穴道，又名尾闾穴，隶属经络，督脉），就好像一条长龙一样，上下相随，左右互动有浪柱冲天之意。两腿似盘龙，两臂似螺旋缠绕在一起

的蟒蛇，此功法龙之像也，是习武之人一生的追求。金勾入地是指脚趾的十趾抓地入地七分，稳如泰山，进退攻守不失根，十趾抓地能太平，是制敌获胜之根本，是桩功修炼之法宝。和面悦色是指，据炮捶讲，以武会友，对人和蔼可亲态度和气，双手抱拳礼从容，步下圈裆劲要稳。舌丹入海是指舌顶上腭，沟通任、督二脉。俗称"搭鹊桥"，使全身经络接通，上下通畅，可疏通气血，强健体质，有助于产生津液润喉，下降丹田滋养脏腑。怀抱太极乾坤在，阴阳变化鬼神惊。本拳术讲太极阴阳之理，太极生两仪，两仪生四象，四象生八卦，相互对应，变化无穷，一动无不动，一静无不静，动如猛虎扑食，静如止水，动中有静，静中有动，相生相克，阴阳动静相合，一阴一阳，一动一静，一开一合，蓄力如开弓，发力如放箭，主张力断意不断，意断神相连，意念、呼吸、动作三者密切结合。通过拳术训练，细心制定逐步体会炮捶拳各种劲法、功法、炮捶拳是周身一家，刚柔相济整劲，身法讲究处处皆是手，无处不弹簧，在发劲上讲究先刚后柔的弹簧劲，意念如打在弹簧上，一弹即回，久练故能产生弹性刚和弹性柔，外形刚劲挺拔，内藏坚柔。拳谱云，刚拳柔打，刚柔兼备，阴阳互为根用，用刚有刚，用柔有柔，体现整体的弹簧劲，在反复实践中慢慢体会炮捶拳特有的劲法。它包含了炮捶拳十五大劲法：周身统一整劲，龙形腰劲，奥妙巧劲，疾快猝劲，来回速劲，透内劲，车轮劲，弹簧劲，连环劲，刚柔相济劲，二节劲，螺旋劲，灌铅劲，神妙跟劲，双抖劲。以上十五大劲法是炮捶拳练功中不可或缺的修炼法门，要求劲随气发，气跟劲走，气劲合一，讲究一动无处不动，一静无处不静，拳势勇猛，内外兼顾，刚柔相济的特点。

炮捶拳五要素是本拳精华。拳谱云，浮气要聚，本力要勇，腰眼要灵，虎腕要挺，心血要活。浮气要聚：练本拳术必须做到气沉丹田，胸空腹实，胸空是胸部宽松气聚小腹，腹实可固肾，肾足精足，精足化气，气足化神，丹田鼓荡，命门后撑，会阴穴微提，使体内脏腑之气聚而下沉于丹田，命门穴位于两肾之间，与带脉、冲脉、任脉、督脉的关系极为密切。腰腹部是脉气所发之处，为下丹田真气所在，气多了，才能后撑命门穴，使丹田之气遍走全身，气撑命门后，内气上行贯穿大椎、肩、肘、腕，内气下行贯穿胯、膝、足跟，方能做到劲贯脊中，力由脊发，真气充盈，气充体内各处，促进气血通荡，劲达四梢，周身整劲。本力要勇：本力就是生来之力，外力也，还有一种力叫内力，内力是指武术中的内劲，是经过长期锻炼而得到的一种劲法，叫做功力，也就是先天之力和后天之力。内劲和外劲结合就是炮捶的劲法，是一种协调统一，气劲贯通，气劲合一的整体劲。"勇"就是有胆有力，有虎的威武，有龙的气势，好像青龙出水，气势磅礴，勇往直前。腰眼要灵：腰要灵活到像一颗颗流动的钢珠，要磨转千遭脐不动，沉着稳重，腰胯灵活。在实际应用上讲，腰要活，肘要合，腰是轴，臂是杆，肘是环节，手是点。收之有法放之有力，以腰为本，以法为用，密切配合互不可分。虎腕要挺：虎腕坚挺有力，意达腕、肘，劲达拳面，要有冲顶之意，发劲时身体必须放松，集中精力，把发劲意念集中目标后方，击中目标前一瞬迅速翻拧，打出震撞之力和弹簧力，劲路身法合一，气跟劲走，劲随气发，出拳要快，定势要稳，力打穿透之意，劲发周身内外，统一整劲，要深吸猛擤，下肢稳如磐石，腰要灵活自如。炮捶讲，力由脊发，步随身换，快而不乱，慢而不断。要讲穴：三元，三平，三沉。三元是胸元，背元，虎口元。三平是虎腕挺，肩要顺，脚要稳。三沉是气沉丹田，沉肩，沉肘。要运用自如，击则有方，发则有力，动作要活，走似龙蛇，协调统一，变化莫测。心血要活：中医认为心主血脉，血液输送到全身滋养身心，平衡人体脏腑器官，心灵虚静则神安，神安则五脏六腑气机协调，精气充实，身康体健。心血互动，气顺则通，血活则贯注全身，周身才能协调，气劲才能统一，经络才能通畅，神、气、意、劲有机地融为一体。拳谱云，心意随时用，用意不用力，气随意行，以意引气，才能随心所欲，调动体内真气运行，劲则也自然产生。劲是后天锻炼而成，神意气力结合得越好，内劲越大，功力越大，威胁敌人也越大，才能达到功夫精纯、登堂入室、炉火纯青之境地。

  三皇炮捶是我国具有悠久历史的民族文化遗产和优秀的传统拳术，蕴含着深厚的东方文化内涵，它内容博大精深，形式丰富多彩。千百年来，经过一代又一代三皇炮捶拳前辈不断地发展，创新、吸收各兄弟拳种之精华，不断壮大，使三皇炮捶拳在中华武术大家庭里独树一帜，最终使不同年龄、不同基层的人都可以从中选择适合自己练习的项目，从锻炼内功、强身健体出发，得以修炼身心，提高技能，弘扬和发展三皇炮捶拳，使之更好地得到推广普及，甚至走向世界。我们将不遗余力地把中华传统武文化，炮捶文化推向更宽更广的舞台。

炮捶拳一趟

要领（图一）：心平气和，自然沉稳，不急不躁，气沉丹田，呼吸自然，二目平视前方。

要领（图二）：舌抵上腭，气沉丹田，意想两脚"涌泉穴"，足趾抓地。拳谱云，力从足下起，还得丹田足。

要领（图三）：气沉丹田，意贯肘尖，两肘外撑，力达六面，虚领顶劲，含胸拔背，松肩肘横。

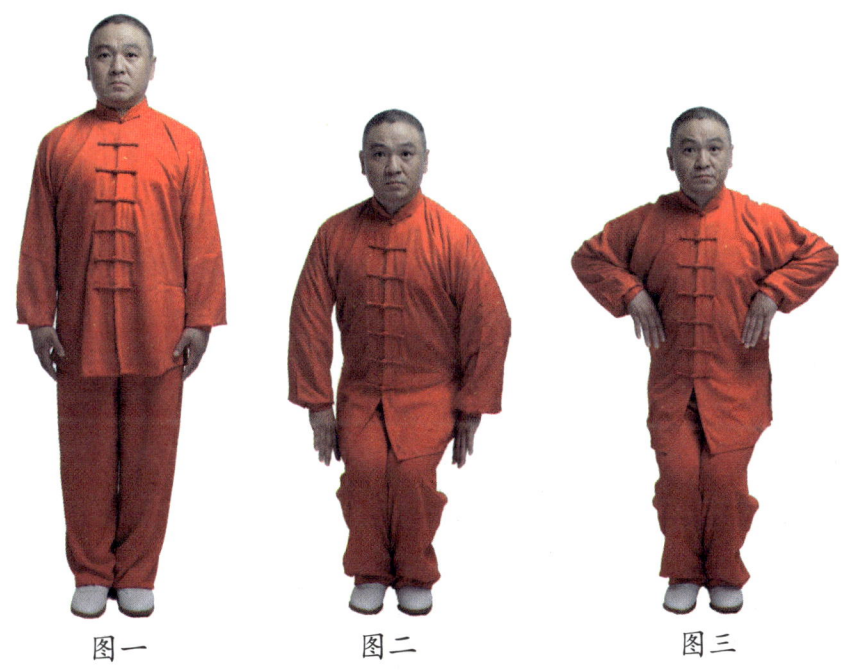

图一　　　　　图二　　　　　图三

要领（图四）：胸部松含，沉肩坠肘，内力充实，意达十指，两手有钩挂、刁采、外翻之意。

图四

要领（图五）：两掌外翻，意贯掌背，击打对方面目之意，手腕要活，步法要稳。

要领（图六）：含胸拔背，沉肩松肘，意达指尖，鼻中擤气，以顺呼吸为主。

图五　　　　　　　　　图六

要领（图七、图八）：双掌内收有提抱后撑之意，两肘护肋，劲在掌根。拳谱云，处处皆是手，无处不弹簧。

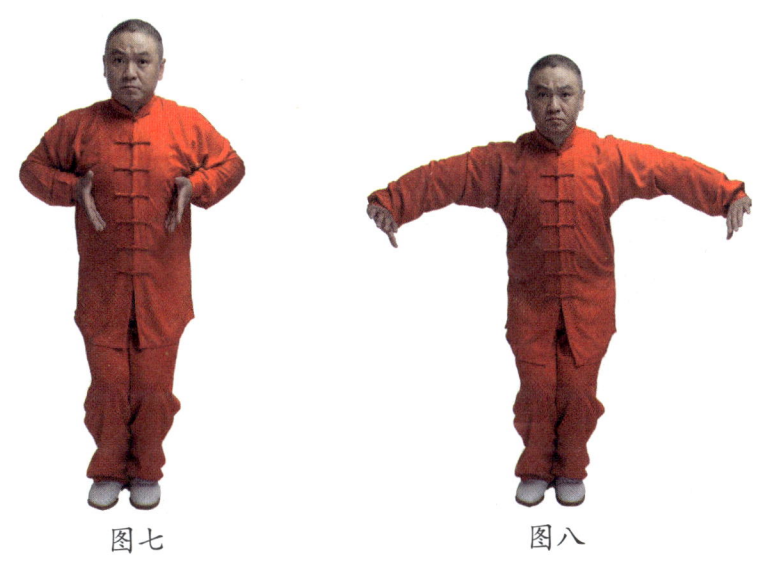

图七　　　　　　　　　图八

要领（图九）：本式为炮捶拳中的小弓步，破坏对方中心，有穿裆靠之意。

要领（图十）：下盘要稳，气沉丹田，力贯掌根，意撑六面，劲达八方。

图九　　　　　　　　　图十

要领（图十一）：虚领顶劲，含胸松背，两臂似螺旋缠绕在一起的蟒蛇，有外翻、缠臂、背靠之意，意贯两掌虎口穴。

要领（图十二）：虚领顶劲，含胸松背，意在双掌有钩挂，内撞击打下丹田，有充实小腹内壮筋骨之意。

图十一　　　　　　　　　　图十二

要领（图十三）：下盘同上，两掌冲撞力推出，意在掌根，丹田鼓荡，命门后撑。

图十三

要领（图十四）：下盘同上，意贯两肘，有护耳、肘打、护胸之意。

图十四

要领（图十五）：本式与十式要领相同。

图十五

本式从图十至图十五，是炮捶拳刚柔相济。周身一家的整劲，两臂相拧，两掌有翻、挂、顶、撞之意，犹如怪蟒翻身，劲达手指，手掌之间，以意运气，意到气到，力自行。

要领（图十六）：两臂有挑横劈刁拿之意。

要领（图十七）：推掌拧腰应转胯，力在掌根法理明，进手要快，拿住就攻，不能放松，出手不见手，见手不为巧之意。

图十六　　　　　　　　图十七

要领（图十八）：两掌前撑后踏，发力松肩，坐腰，截胸掌，力在掌沿，发力要猛，松而不懈，紧而不僵，有拳打寸劲之意。

要领（图十九）：两臂螺旋缠绕，犹如怪蟒翻身，两劲相挣，有左顾右盼之意。

图十八　　　　　　　图十九

要领（图二十）：以先刚后柔，发劲刚猛，转而变柔的弹簧劲，周身上下一整体力。

要领（图二十一）：气沉丹田，力撑六面，意达八方，两臂弧线从

右向左侧运行左掌有前撑肘横之劲，右掌意贯肘间，有后击将、横、靠之意；右掌发于臂，周身无处不弹簧，周身无处不阴阳，整个动作刚中有柔，柔中有刚，刚柔兼备。

图二十

图二十一

要领（图二十二）：一字捶是左冲顶，右抢撑，发力时周身协调统一，打出两力合一整劲。拳谱云，手足同步劲要整，肩肘需沉劲放松。

要领（图二十三）：气沉丹田，两臂相拧，螺旋缠绕，周身一家的弹簧力。

图二十二

图二十三

要领（图二十四）：左拳要有带劲回拉之意，腿屈膝为炮捶拳中暗腿。

要领（图二十五）：左拳要松肩，力整，气力合一松沉劲。

图二十四　　　　　　　　　　图二十五

要领（图二十六）：震脚双抱肘是炮捶拳周身统一整劲，双抱肘有裹缠拧翻之意，是炮捶拳独特的手法，如双抱、双挫、双抖。

图二十六

要领（图二十七）：冲天炮也叫挎虎提兰式，打冲撞劲，两拳同时发力对称，要松肩，坐腰，一气贯穿，功达四梢。

要领（图二十八）：反臂捶(又叫脑后炮)是三皇炮捶拳十二炮之一，气力通臂，旋转如风，发力刚猛。

图二十七　　　　　　　　　图二十八

要领（图二十九）：卧虎式和十字捶体现了三皇炮捶的独特风格，卧虎式又叫圈裆步，前手护面，后手护阴，力撑六面，劲达八方，气沉丹田，虚领顶劲，两眼平视，心平气和。

要领（图三十）：十字捶又名十字炮，前手冲撞劲，后手撑拉劲，是最能体现周身一家的整劲。拳谱云，头顶足抓上下有力，前冲后击两劲相挣，左顾右盼不失中定，腰裆要有裹劲，出拳要有旋转弹抖之力。

要领（图三十一）：本式为炮捶之暗腿，玲珑变化巧中稳，快猛巧捷势要稳。

要领（图三十二）：撩阴腿是撩击对方裆部和小腹，是炮捶拳术中的暗腿，两拳发劲有松活弹抖之意，爆发力极强。

图二十九

图三十

图三十一

图三十二

要领（图三十三）：本式与二十九式要领相同。

要领（图三十四）：本式与三十式要领相同。

要领（图三十五）：进退攻守如一，守者攻也，攻者守也，周身一理。

要领（图三十六）：拳谱云，开弓式肩膀松，打法是左拳冲顶右拳肘击，是两种劲法撑拉劲，两臂相合练出完整的整劲，身如弓弦，手

如箭,蓄劲如开弓,发劲如放箭。

图三十三

图三十四

图三十五

图三十六

要领(图三十七):马步抒掌,下盘要稳,力出螺旋拧转,左臂屈肘是横力,右臂屈肘是竖力,意贯右肘,劲行左臂,劲达八方之势。

要领(图三十八):本式与三十六式要领相同。

图三十七

图三十八

要领（图三十九）：劈拳力在拳背，含胸拔背，松肩坠肘，意念在于脚与手臂翻转拧发，整体裹抱之力。

要领（图四十）：右手内含抓捋后挂，左拳冲拳击腹，有快猛力，透内劲，丹田充实，由内而发。

图三十九

图四十

要领（图四十一）：右蹬脚为炮捶拳中的暗腿，力在脚跟，可连续攻击，有刚柔变换之意。

要领（图四十二）：本式与二十九式要领相同。

图四十一

图四十二

要领（图四十三）：本式与三十式要领相同。

要领（图四十四）：本式与二十九式要领相同。

图四十三

图四十四

要领（图四十五）：本式与三十式要领相同。

图四十五

要领（图四十六）：本式要求猿形之身，运转自如，灵便敏捷，两掌开合分明，变化快，发招急，随心所欲，劲法有滚、卷、削、横、托之意。

图四十六

要领（图四十七）：气沉丹田，刚柔相济，力撑六面，意达八方，前有臂力，后有肘靠之力，两臂相拧，一气贯通的整劲。

图四十七

要领（图四十八）：本式与二十二式要领相同。

图四十八

要领（图四十九）：身法闪转要快，右拳砸、挂劲，左拳劈、切、抽之意要明确。

要领（图五十）：意在右拳有劈、砸劲，肘膝相合，伸缩连贯，左腿有蹬、踩、勾、盘之意。

图四十九

图五十

要领（图五十一）：顺肩捶，有右拳抢撑之力，左拳冲打顶撞之意。

图五十一

要领（图五十二）：气沉丹田，虚步起落，进退自如，两臂护肋手护胸。

要领（图五十三）：气沉丹田，意在先刚后柔，发劲为刚，周身一家弹簧力，上有托撑下有按踏，力在掌根，步要稳。

图五十二　　　　　　　　　　　图五十三

要领（图五十四）：意贯指尖，目视前方，含胸松肩，和面悦色。

图五十四

要领（图五十五）：气沉丹田，目视右侧，心平气和。
要领（图五十六）：气沉丹田，意贯两手臂，两腿微屈，目视前方。

图五十五 图五十六

要领（图五十七）：心无所思，气随意行，呼吸自然。

图五十七

炮捶拳二趟

要领（图一）：心平气和，自然沉稳，不急不躁，气沉丹田，呼吸自然，目视前方。

要领（图二）：舌抵上腭，气沉丹田，意想两脚"涌泉穴"，足趾抓地，力从足下起，还得丹田足，膝不过足尖。

要领（图三）：气沉丹田，意贯肘尖，两肘外撑，含胸拔背，松肩肘横，力撑六面。

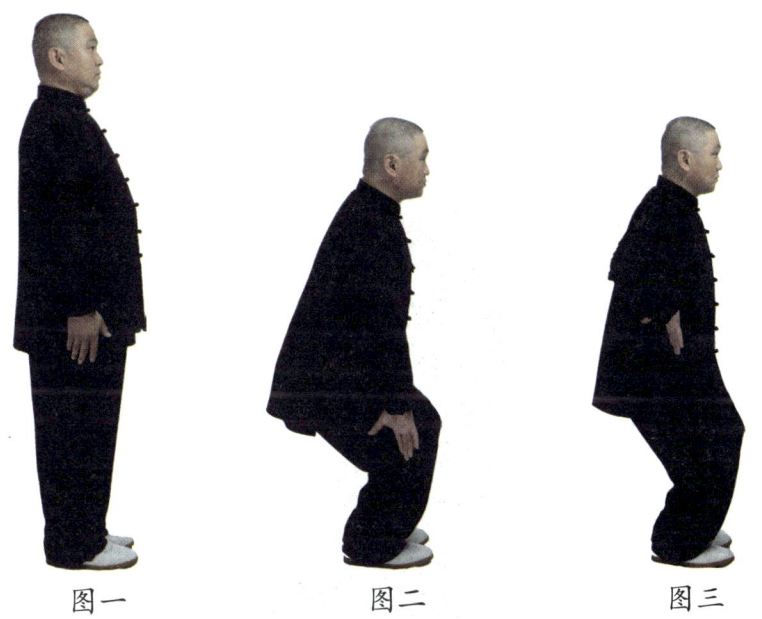

图一　　　　　图二　　　　　图三

要领（图四）：胸部松含，沉肩坠肘，以意领气，内力充实，两手有钩挂、刁采、外翻之意。

图四

要领（图五）：本式为炮捶拳静功桩法之一，与坐虎式功法要领相同，足下要稳，背如靠大树。

图五

要领（图六、图七）：左腿屈膝，下插步为炮捶中的暗腿，插步是抢站对方中心，按、踏两掌有扎腹撩阴之意。

图六　　　　　　　　图七

要领（图八）：马步踏掌转向快，两臂微曲力要整，意在两掌上撑下踏之力，周身一体之功，闪展腾挪的整劲。

要领（图九）：马步捋掌，气沉丹田。力撑六面，右掌意发于右肘，有后击、捋抖横靠之意，左掌发于臂，力在掌指，周身一家弹簧力，整个动作刚中有柔，柔中有刚，刚柔兼备。

图八　　　　　　　　图九

要领（图十）：一字捶是两种劲合一用法，前有冲顶后有横撑，协调统一，打出两力合一整劲，手足同步劲要整，肩肘需沉劲放松。

图十

要领（图十一）：意在两臂有劈、砸，肘膝相合，伸缩连贯，转向要快，腿为炮捶门中的暗腿，有进退攻守，能柔能刚。

图十一

要领（图十二）：炮捶手法之顶法，又叫顶劲，前顶后撑力行腰，上下相随劲要整。

要领（图十三）：气沉丹田步要稳，虚步起落进退自如，两臂护

肋手护胸。

图十二　　　　　　　　　图十三

要领（图十四）：意在穿掌下踏，周身一家的整劲，力在掌根，步要稳，一弹即回弹簧力，一团一展，一开一合，气达于梢的炮捶的功力。

要领（图十五）：意在劈、砸、切、剪等劲法，动作要快猛，决无拖泥带水，要干净利落。

图十四　　　　　　　　　图十五

要领（图十六）：卧虎式是炮捶拳静功桩法之一，又叫圈裆步，含胸拔背，沉肩坠肘，前脚内扣，后脚蹬地，两膝外撑，两肘护肋，力撑六面，意达八方，前手护面，后手护阴。

要领（图十七）：十字掌是炮捶拳桩之一，也叫十字捶、十字炮，气沉丹田脚下稳，力从足下起，意贯掌指，力达掌根。

图十六　　　　　　　　图十七

要领（图十八、图十九）：连环劈掌是炮捶拳法技击中最有独特的掌法，手法灵活，动作要一劲连续一劲，一式连接一式，连环不断，意气合一，上下相随。

要领（图二十）：本式为顺肩掌，也叫顺肩捶，前手横推，后手撑踏，全身放松，意在掌根，打长劲，气沉丹田足下稳。

要领（图二十一）：掩肘关键在肘，肘部的劲法有挑、拐、顶、挂等功法，手法有勾、挑、切等功法。

炮捶拳二趟

图十八　　　　　　图十九

图二十　　　　　　图二十一

要领（图二十二）：炮捶拳劲法中的前后相争之力，两手、两肘之间横向相争，弹簧力。

要领（图二十三）：本式有撩踏按劲法，意在双掌，同时配合滚动向前击打。

图二十二　　　　　　　图二十三

要领（图二十四）：以腰带臂，灵活多变，有刁拿挑、掌、翻、拧之意。

要领（图二十五）：有闪展腾挪之力，阴阳变化之功，灵巧之极，随势应变。

图二十四　　　　　　　图二十五

要领（图二十六）：松肩沉肘，周身一家的整劲，有打出弹簧力，绷挂穿透之劲法。

图二十六

要领（图二十七）：本式是炮捶拳十二炮中的泻肚炮，又叫泻肚捶，劲法有弹簧之速，一弹即回。

图二十七

要领（图二十八、图二十九）：本式以炮捶特有的步法——摩擦步为主，步法快速灵活、多变，进退自如，上下相随。手法是炮捶门

中的"二龙戏珠"指功。

图二十八　　　　　　　图二十九

要领（图三十至图五十二）：本式与一趟三十五式至五十七式要领相同。

图三十

炮捶拳二趟

图三十一

图三十二

图三十三

图三十四

图三十五

图三十六　　　　　图三十七

图三十八　　　　　　　　图三十九

图四十

图四十一

图四十二

图四十三

图四十四   图四十五

图四十六

图四十七

图四十八

图四十九

炮捶拳二趟

图五十

图五十一

图五十二

炮捶拳三趟

要领（图一）：心平气和，自然沉稳，不急不躁，气沉丹田，呼吸自然，目视前方。

要领（图二）：舌抵上腭，气沉丹田，意想两脚"涌泉穴"，足趾抓地。拳谱云，力从足下起，还得丹田足，膝不过足尖。

图一　　　　　　　　图二

要领（图三）：气沉丹田，意贯肘尖，两肘外撑，力达六面，虚领顶劲，含胸拔背，松肩肘横。

图三

要领（图四）：胸部松含，沉肩坠肘，以意领气，内力充实，两手有钩挂、刁采、外翻之意。

图四

要领（图五）：两掌外翻，意贯掌背，手腕要活，步法要稳。

要领（图六）：左掌撞掌力在掌根，意在右肘，有前后相争之力，步法要稳。

图五　　　　　　　　图六

要领（图七）：右掌撞掌力在掌根，意在左肘有前方相争之力，步法有踩踏对方中心之意，目视右掌。

要领（图八）：两臂反方向抽打，意在两掌掌背，有打前击后之法，全身放松，意贯指尖掌背。

图七　　　　　　　　图八

要领（图九）：气沉丹田，步法要稳，两臂意在护肋护胸。

要领（图十）：有穿掌撑踏之意，周身一家的整劲，力在掌根

步要稳，一弹即回弹簧力，一团一展，一开一合，气达于梢的炮捶的整力。

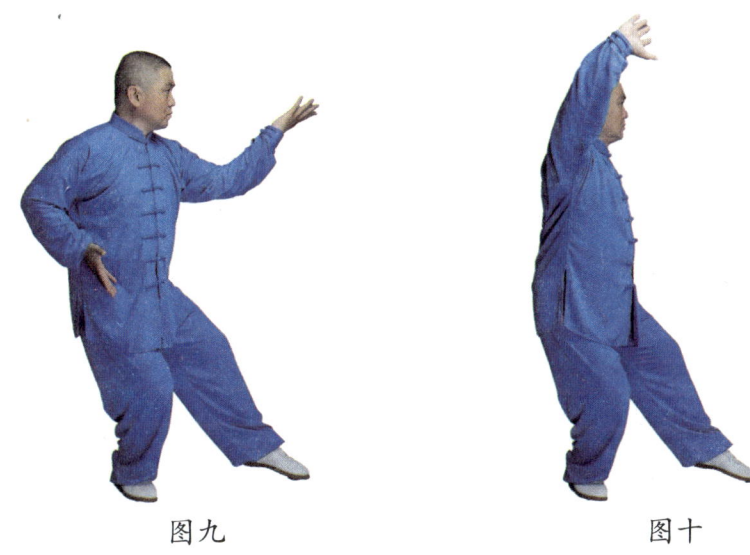

图九　　　　　　　　　　图十

要领（图十一）：两臂意在双锁掌，腿法屈膝上步乃炮捶拳中的暗腿。

要领（图十二）：有肩横胯稳、前手撩打、后手撑踩之意。

图十一　　　　　　　　　图十二

要领（图十三）：意在双缠，双臂连环劲法，护肋护胸，脚踩对方中心线。

要领（图十四）：右手撑撞力在掌根，左手护肋，意在肘尖。

图十三　　　　　　　　图十四

要领（图十五）：右肘尖有冲撞、顶靠之意，步法要稳，身要活，力要整。

要领（图十六）：气沉丹田，步法要稳，两臂意在护肋护胸，身法有闪展腾挪之意。

图十五　　　　　　　　图十六

要领（图十七）：两掌有穿撑踏之意，周身一家的整力，上撑下踏弹簧力，气达于梢力要整。

要领（图十八）：两臂横向抽打，以腰为轴，意在掌沿，左右抽打，横击。

图十七　　　　　　　　　图十八

要领（图十九）：步法要活，身法要快，左手肘尖护胸，护肋有旋转步法身法之意。

要领（图二十）：本式腿法为炮捶拳法中的暗腿，步要稳、要活、要快。

要领（图二十一）：上步撩阴步要稳，左肩右胯意当先。

要领（图二十二）：左手按踏有横切、双挫之意。

要领（图二十三）：本式要求身法要快，有打前击后护肋护胸之意。

图十九 　　　　图二十 　　　　图二十一

图二十二 　　　　　　图二十三

要领（图二十四）：右手撑撞力在掌根，左手护肋，意在肘尖。

要领（图二十五）：本式意在按踏前撩，意断神连，攻守进退如一。

炮捶拳三趟

图二十四　　　　　　　图二十五

要领（图二十六）：本式意在右掌撩击，右腿屈膝，攻击对方，为炮捶中的暗腿。

要领（图二十七）：本式右脚震脚有踩踏之意，左掌有横切，击打对方前胸，右肘护肋护阴。

要领（图二十八）：意在身法要快要活，气沉丹田，步下要稳，含胸拔背，沉肩松肘。

图二十六　　　　图二十七　　　　图二十八

要领（图二十九）：本式为炮捶拳中的明腿，有提膝击阴，两臂有拧翻、挂、劈之意。

图二十九

要领（图三十）：本式为腿蹬踏之力，两拳冲顶，打击对方胸部，有击前打后之意。

要领（图三十一）：本式两拳撑拳劲要整，气沉丹田，步法要稳，有肩靠肘击之意。

图三十　　　　　　　　图三十一

要领（图三十二）：反臂捶是炮捶拳十二炮之一，气劲通臂，旋转如风，发力刚猛。

要领（图三十三）：本式要领同三十二式要领相同。

图三十二　　　　　　　　图三十三

要领（图三十四）：卧虎式和十字捶体现了三皇炮捶拳的独特风格，卧虎式又叫圈裆步，前手护面，后手护阴，力撑六面，劲达八方，气沉丹田，虚领顶劲，目视前方。

图三十四

要领（图三十五）：十字捶又名十字炮，前手冲撞劲，后手撑拉劲，是最能体现周身一家的整劲。拳谱云，头顶足抓上下有力，前冲后击两劲相挣，左顾右盼不失中定，腰裆要有裹劲，出拳要有旋转弹抖之力。

要领（图三十六）：气沉丹田，步法要稳，两臂意在护肋护胸。

图三十五　　　　　　　　图三十六

要领（图三十七）：气沉丹田，步法要稳，左肘外展架拦对方手臂，右手预击打对方心窝处。

图三十七

要领（图三十八）：窝心炮是炮捶门十二炮之一，力法劲法合一，速度要快，腿法要猛，意在勾踢对方。

要领（图三十九）：开山炮是炮捶门十二炮之一，有惊炸弹抖之意，有劈砸崩挂之攻。

图三十八　　　　　　　图三十九

要领（图四十）：弹踢对方阴部，两拳有横撑之分。

要领（图四十一）：本式要领与三十四式要领相同。

图四十　　　　　　　图四十一

要领（图四十二）：本式要领与三十五式要领相同。

要领（图四十三）：本式要领与九式要领相同。

图四十二　　　　　　　　图四十三

要领（图四十四）：本式左拳击打撩阴对方，右臂护肋，步法灵活，身法要稳。

要领（图四十五）：扎地炮是炮捶门十二炮之一，击打对方腹部阴部，手足同步劲要整，肩肘需沉劲放松。

图四十四　　　　　　　　图四十五

要领（图四十六）： 两臂意有横撑、前冲之意，气沉丹田，意贯两臂，劲达肘手。

要领（图四十七）： 本式要领与三十二式要领相同。

图四十六

图四十七

要领（图四十八）： 本式要领与三十一式要领相同。

要领（图四十九）： 本式要领与三十四式要领相同。

图四十八

图四十九

要领（图五十）：本式要领与三十五式要领相同。

要领（图五十一）：进退攻守如一，守者攻也，攻者守也，周身一理。

图五十　　　　　　　　图五十一

要领（图五十二至图七十三）：本式要领与一趟三十六式至五十七式要领相同。

图五十二

图五十三　　　　　　　　图五十四

图五十五

图五十六

图五十七

图五十八

图五十九　　　　　　　图六十

图六十一

图六十二

图六十三

炮捶拳三趟

图六十四

图六十五

图六十六

图六十七

图六十八

图六十九

炮捶拳三趟

图七十

图七十一　　　　　图七十二　　　　图七十三

炮捶拳四趟

要领（图一）：心平气和，自然沉稳，不急不躁，气沉丹田，呼吸自然，目视前方。

要领（图二）：舌抵上腭，气沉丹田，意想两脚"涌泉穴"，足趾抓地。拳谱云，力从足下起，还得丹田足，膝不过足尖。

要领（图三）：气沉丹田，意贯肘尖，两肘外撑，含胸拔背，松肩肘横，力撑六面。

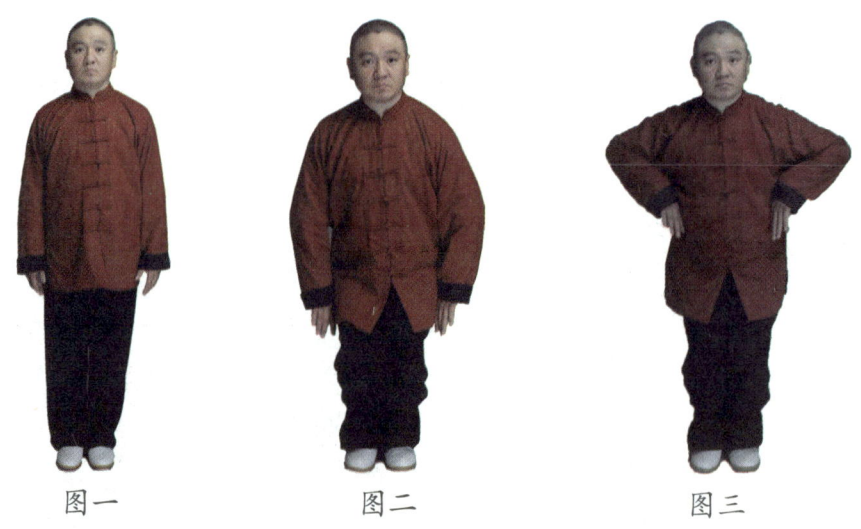

图一　　　　　　　图二　　　　　　　图三

要领（图四）：胸部松含，沉肩坠肘，以意领气，内气充实，两手有钩挂、刁采、外翻之意。

要领（图五）：本式为炮捶拳静功桩法之一，与坐虎式功法相同，足下要稳，背如靠大树。

要领（图六）：步法身法要快要活，刁、抓、掳要稳、准、狠，目视前方。

图四　　　　　图五　　　　　图六

要领（图七）：本式左拳抓掳对方要有后拉之意，步法要活，要稳。

图七

要领（图八）：撞掌力在掌根，意在右肘，有前后相争之力，步法要稳。

要领（图九）：撞掌力在掌根，意在左肘，有前后相争之力，步法有踩踏对方中心之意。

图八　　　　　　　　　图九

要领（图十）：两臂反方向击打，意在两掌掌背，有打前击后之法，全身放松，意贯指尖掌背。

要领（图十一）：气沉丹田，步法要稳，两臂意在护肋护胸。

图十　　　　　　　　　图十一

要领（图十二）：两掌有穿、撑踏之意，周身一家的整力，上撑下踏弹簧力，气达于梢力要整。

要领（图十三）：两臂意在双锁掌，腿法屈膝上步乃炮捶拳法中的暗腿。

图十二　　　　　　　　图十三

要领（图十四）：意在肩横胯稳，前手撩打，后手撑踏。

要领（图十五）：本式有上步刁拿之意，步法要灵活多变，目视前方。

图十四　　　　　　　　图十五

要领（图十六）：意在上步劈砸，有泰山压顶之势，要做到力整，劲足，全身放松。

图十六

要领（图十七）：接上式右拳自上而下劈砸对方，拳式勇猛，势不可挡。

要领（图十八）：气沉丹田，意贯左拳，力达拳面，打出炮捶门的连环劲法。

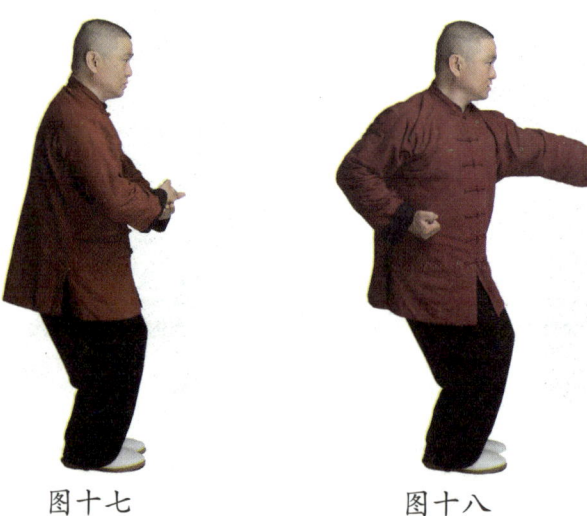

图十七　　　　　　图十八

要领（图十九）：气沉丹田，意贯右拳，力达拳面，打出炮捶门的连环劲法。

要领（图二十）：两臂意有横撑前冲之意，气沉丹田，意贯两臂，劲达肘手。

图十九

图二十

要领（图二十一）：反臂捶是炮捶拳十二炮之一，有气劲通臂，旋转如风，发力刚猛，周身一家的整劲。

要领（图二十二）：本式与二十一式要领相同。

图二十一

图二十二

要领（图二十三）：震脚双抱肘是炮捶拳周身统一整劲，双抱肘有裹缠拧翻之意，是炮捶拳独特的手法，如双抱、双挫、双抖。

要领（图二十四）：冲天炮也叫挎虎提兰式，打冲撞劲两拳的同时发力对称，要松肩，坐腰，一气贯穿，功达四梢。

图二十三　　　　　　　　　　图二十四

要领（图二十五）：反臂捶是炮捶门十二炮之一，气劲通臂，旋转如风，发力刚猛。

图二十五

要领（图二十六）：卧虎式和十字捶体现了三皇炮捶的独特风格，卧虎式又叫圈裆步，前手护面，后手护阴，力撑六面，劲达八方，气沉丹田，虚领顶劲，目视前方。

要领（图二十七）：十字捶又名十字炮，前手冲撞劲，后手撑拉劲，是最能体现周身一家的整劲。拳谱云，头顶足抓上下有力，前冲后击两劲相挣，左顾右盼不失中定，腰裆要有裹劲，出拳要有旋转弹抖之力。

图二十六　　　　　　　　图二十七

要领（图二十八）：本式上步转身要快，右臂内缠掩肘，左臂护肋，脚要稳步要活。

要领（图二十九）：本式右臂掩肘，左臂冲拳要协调统一，动作要快，眼到，手到，劲到，身法到。

图二十八　　　　　图二十九

要领（图三十）：盘肘意在前冲顶，左右崩，横挂砸抱肘法好，力整身随往里钻，周身统一的整体力。

要领（图三十一）：本式有穿裆靠之意，左手撩阴，右手护身。

图三十　　　　　图三十一

要领（图三十二）：本式身法要快，右手有反打身后之意，眼观六路，耳听八方，前后照应，心意随时动。

要领（图三十三）：本式要领与二十三式要领相同。

炮捶拳四趟

图三十二　　　　　　　图三十三

要领（图三十四）：本式要领与二十四式要领相同。

要领（图三十五）：磕拳意在从下向上磕打对方，有迎击冲打、硬砸硬上之意。

图三十四　　　　　　　图三十五

要领（图三十六）：右挂捶是攻防兼备打法，周身协调一致。

要领（图三十七）：左挂捶是攻防兼备打法，周身协调一致。

图三十六　　　　　图三十七

要领（图三十八）：马步要稳，乃桩功，意想两脚，膝不过足尖，气沉丹田，虚领顶劲。

要领（图三十九）：马步要稳，以腰带手，拳自肋发，周身上下统一的整劲。

图三十八　　　　　图三十九

要领（图四十）：本式有劈挂撩崩之意，步法灵活多变，运转自

如，灵猿之像也。

要领（图四十一至图六十二）：本式要领与一趟拳法三十六式至五十七式要领相同。

图四十

图四十一

图四十二

图四十三

图四十四

图四十五

图四十六

图四十七

图四十八

图四十九

图五十

图五十一

图五十二

图五十三

图五十四　　　　　　图五十五

图五十六

炮捶拳四趟

图五十七

图五十八

图五十九

图六十

图六十一

图六十二

炮捶拳五趟

要领（图一）：心平气和，自然沉稳，不急不躁，气沉丹田，呼吸自然，目视前方。

要领（图二）：舌抵上腭，气沉丹田，意想两脚"涌泉穴"，足趾抓地，力从足下起，还得丹田足，膝不过足尖。

要领（图三）：气沉丹田，意贯肘尖，两肘外撑，含胸拔背，松肩肘横，力撑六面。

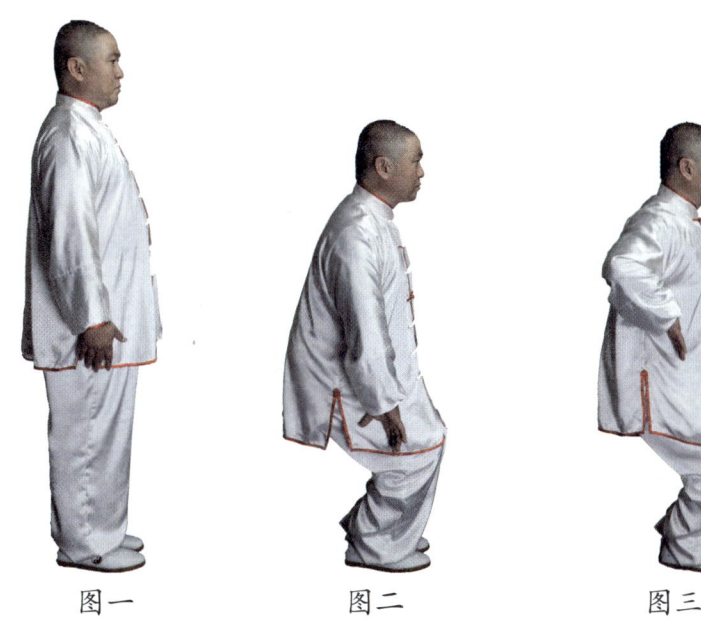

图一　　　　　图二　　　　　图三

要领（图四）：胸部松含，沉肩坠肘，以意领气，内力充实，两手有钩挂、刁采、外翻之意。

要领（图五）：本式为炮捶拳静功桩法之一，与坐虎式功法相同，足下要稳，背如靠大树。

图四　　　　　　　　图五

要领（图六）：左掌撞掌力在掌根，意在右肘，有前后相争之力，步法要稳。

要领（图七）：意在拍掌之功，左掌左肘有横挂抱顶之意，含胸拔背，松肩松肘，气沉丹田。

图六　　　　　　　　图七

要领（图八）：意在左掌横切之力，脚踩对方中心线，目视前方。

要领（图九）：本式是炮捶劲的连环劲，双手连续攻击对方，使

对手没有招架之力。

图八　　　　　　　图九

要领（图十）：意领腰发，劲达拳面，有冲撞之功，气沉丹田，目视前方。

要领（图十一）：蹬脚拳发要协调，意气相合，一劲发连环，要做到出手不露形，打人不费力。

图十　　　　　　　图十一

要领（图十二）：意领身随，力由背发，步随身换，有冲撞之功，要快而不乱，慢而不断。

图十二

要领（图十三）：左拳有冲顶撞打之意，右拳护肋，两臂相争步要稳，周身内外打出穿透之力。

图十三

要领（图十四）：两掌有穿裆靠之意，周身一家的整力，上撑下踏弹簧力，气达于梢力要整。

要领（图十五）：两臂前锁掌，有锁住双方进攻手臂之意，意在

炮捶门劲法，如双挫、双抖、双拿。

图十四　　　　　　　图十五

要领（图十六）：意在肩横胯稳，前手撩打，后手撑踩之意，气沉丹田步要稳。

要领（图十七）：震脚双抱肘是炮捶拳周身统一整劲，双抱肘有裹缠拧翻之意，是炮捶拳独特的手法，如双抱、双挫、双抖。

图十六　　　　　　　图十七

要领（图十八）：卧虎式和十字捶体现了三皇炮捶拳独特风格，卧虎式又叫圈裆步，前手护面，后手护阴，力撑六面，劲达八方，气沉丹田，虚领顶劲，目视前方。

要领（图十九）：十字捶又叫十字炮，前手冲撞劲，后手撑拉劲，是最能体现周身一家的整劲，弹簧力有刚发柔打，发劲用刚，落点用柔，达到刚柔相济的特点。

图十八　　　　　　　　图十九

要领（图二十）：双挂捶是炮捶拳法中的独特手型手法，是炮捶技击中常用手法，双抖，双拿，双挫，气沉丹田腰要活，手脚并用巧快猛。

要领（图二十一）：本式要领与二十式要领相同。

要领（图二十二）：双挫式是抱捶拳法中的独特手型手法，在炮捶演练中不可或缺，是技击中战胜对方的法宝，步伐沉稳，上步以擦拉步拿住对方，有推撞冲顶之意。

图二十　　　　　　　图二十一

图二十二

要领（图二十三）：反臂捶是炮捶门十二炮之一，气劲通臂，旋转如风，发力刚猛。

要领（图二十四）：两拳有双撞双冲之意，步成摩擦步稳如泰山，发劲似炮，出手如捶。

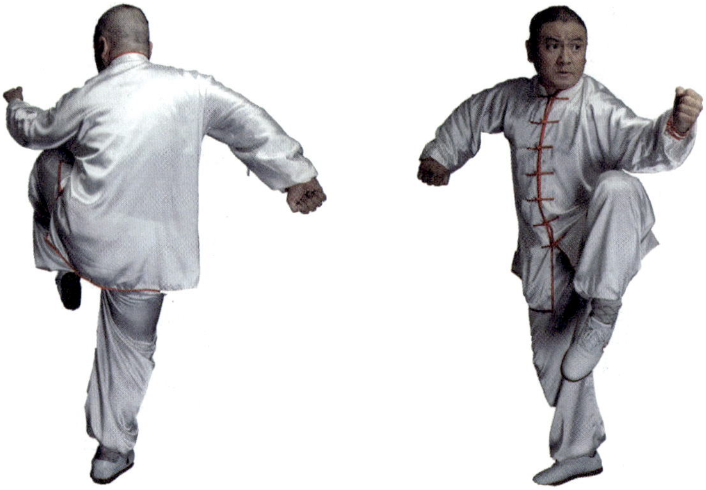

图二十三

图二十四

要领（图二十五）：马步桩要稳，两肘同时向两侧横撑，气沉丹田，力由背发，步随身换。

要领（图二十六）：马步桩要稳，气沉丹田，两拳劲发，有横扫撩挑之意。

图二十五　　　　　　　图二十六

要领（图二十七）：左拳要松肩，力整，气力合一，练的是松沉劲，右拳横肘护胸护肋。

要领（图二十八）：足根蹬地步下稳，两臂横撑内劲足。

图二十七　　　　　　　图二十八

要领（图二十九）：反臂捶是三皇炮捶拳十二炮之一，气力通臂，旋转如风，发力刚猛。

图二十九

要领（图三十至图五十四）：本式要领与一趟炮捶三十三式到五十七式要领相同。

图三十　　　　　　　图三十一

图三十二

图三十三

图三十四

图三十五

图三十六

图三十七

图三十八　　　　　　图三十九

图四十　　　　　　图四十一

图四十二

图四十三

图四十四

图四十五

图四十六　　　　　图四十七

图四十八

图四十九

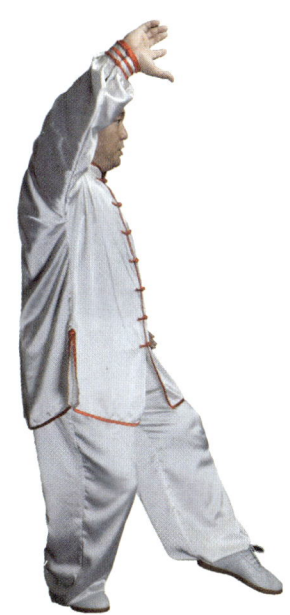

图五十

图五十一

图五十二　　　　　　　　图五十三

炮捶拳五趟

图五十四

炮捶短拳（子母拳）

要领（图一）：心平气和，自然沉稳，不急不躁，气沉丹田，呼吸自然，目视前方。

要领（图二）：舌抵上腭，气沉丹田，意想两脚"涌泉穴"，足趾抓地，力从足下起，还得丹田足。

要领（图三）：气沉丹田，意贯肘尖，力撑六面，意达八方，含胸拔背，松肩肘横。

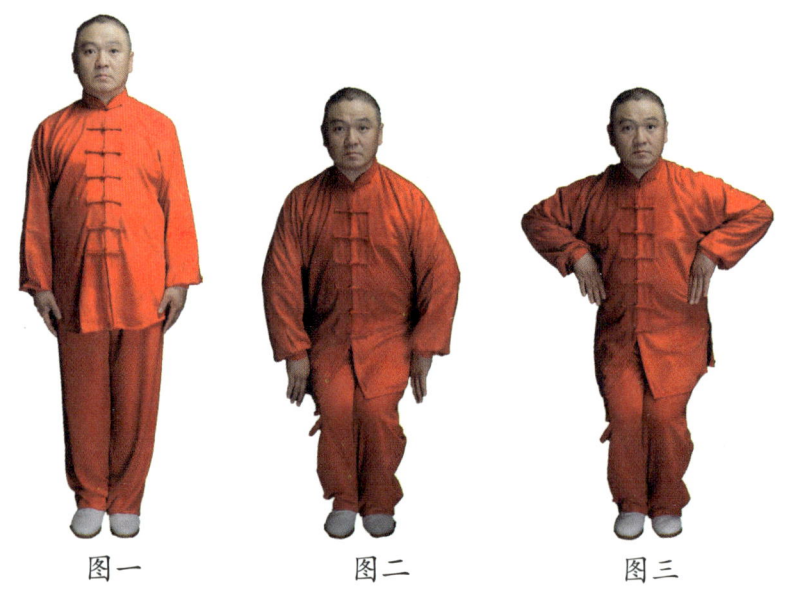

图一　　　　　图二　　　　　图三

要领（图四）：胸部松含，沉肩坠肘，内力充实，意达十指，两手有钩挂、刁采、外翻之意。

要领（图五）：两掌外翻，意贯掌背，有击打对方面目之意，手腕要活，步法要稳。

要领（图六）：含胸拔背，沉肩松肘，气沉丹田，鼻中擤气，顺呼吸为主，力透指尖。

炮捶短拳（子母拳）

图四　　　　　图五　　　　　图六

要领（图七、图八）：双掌内收有提抡之意，两肘有护肋、撑发之意，周身上下互为根用，处处皆是手，无处不弹簧。

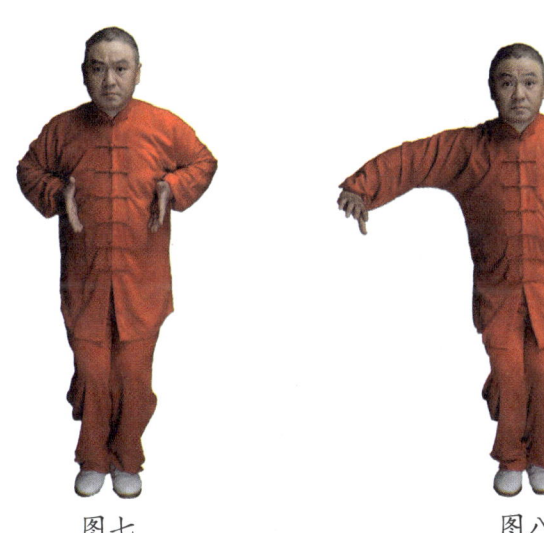

图七　　　　　　　　图八

要领（图九）：两臂贯耳击打对方头部，有下挂劈砸、冲顶之意，全身放松，意达拳面劲达梢。

要领（图十）：意在上步贴身靠打，护胸击肘。拳谱云，远拳，近肘，贴身靠。劲法多以爆发劲、短劲，有冲顶砸挑之意。

图九　　　　　　图十

要领（图十一）：马步桩要稳，冲拳有力，上有挑劲，前有冲劲，气沉丹田，力由背发，意气身形合一。

图十一

要领（图十二）：马步桩要稳，意贯肘尖，胸空腹实，腰要活，肘要灵，横竖缠裹互为根。

要领（图十三）：马步桩要稳，两臂双挂、双砸、双劈意当先，周身统一弹簧力,气沉丹田腰法灵。

图十二　　　　　　图十三

要领（图十四）：马步桩要稳,气沉丹田,意在上架护头护面,有下砸下劈之意。

图十四

要领（图十五）：本式为炮捶拳中的暗腿,有脚踩中心之意,拳法有上分下合、前冲上顶之意。

要领（图十六）：本式为炮捶拳擦拉步，有铁锹掘土之意，拳左肘护肋，右手击打对方。

图十五　　　　　　　　图十六

要领（图十七）：拳脚合用连环击打，上下相随，整力发，护阴护肋步法稳。

要领（图十八）：本式为炮捶拳中的暗腿，拳法有冲顶力发、上下相随整力之意。

图十七　　　　　　　　图十八

要领（图十九）：手脚上下齐动，连环击打，上击胸，下打阴，攻防兼备事必成。

要领（图二十）：本式要领与十八式要领相同。

图十九　　　　　　　　图二十

要领（图二十一）：本式有打前击后之意，掌法右臂挑劈，左臂劈撩，步法有左右旋转似螺旋之意。

要领（图二十二）：左腿屈膝意在击打对方小腹，左肘护胸护面，右肘护肋，上下相随。

图二十一　　　　　　　图二十二

要领（图二十三）：上步劈砸意达拳背肘横竖打力要发，双手冲顶打胸膛，脚踢对方中心线，步要稳。

图二十三

要领（图二十四）：窝心肘是炮捶门中的肘法，肘有横抽竖打冲顶之意，脚下生根，气贯肘尖，意气身形协调一致。

图二十四

要领（图二十五）：劈门炮是炮捶拳劈砸挂打之独特手法，力要整，劲要足，势要猛，步要稳。

要领（图二十六）：双搓掌是炮捶拳双发、双打、双挫之独特的用法，是周身一家整力，爆发力极强，功达上乘时，能发人于丈外。

图二十五　　　　　　图二十六

要领（图二十七）：双捶意在拳面，有双冲、双撩、双砸之意，力压于臂，劲发弹簧之力，击打时"命门穴"后撑，丹田鼓荡，足下生根。

图二十七

要领（图二十八）：意在横劲，左右相争，上顶劲下有踩，有入地三分之意，腰要活，胯要稳。

图二十八

要领（图二十九）：泻肚捶是炮捶中的十二炮之一，意在击打对方小腹，有刚猛之力，松活弹抖之法。

要领（图三十）：左拳磕肋、挂耳、劈头，右拳护肋，打出上下相随、快猛巧之意。

图二十九　　　　　　　　图三十

要领（图三十一）：本式要领与三十式要领相同，右拳为主。

要领（图三十二）：双拳向左右两侧崩砸，歇步要稳，步法要活，有旋转之意。

图三十一　　　　　　图三十二

要领（图三十三）：双掌向左右劈砸，歇步要稳，步法要活，有旋转之意。

图三十三

要领（图三十四）：双挂、双砸是炮捶技击中最重要的手法，是

克敌制胜法宝，是意气身形之劲法。

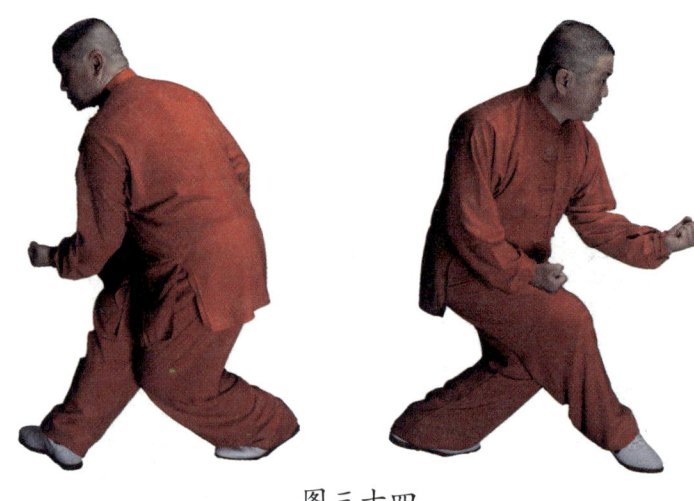

图三十四

要领（图三十五）：本式要领与二十六式要领相同。

要领（图三十六）：本式要领与三十四式要领相同。

图三十五　　　　　　　　图三十六

要领（图三十七）：本式要领与二十六式要领相同。

要领（图三十八）：右拳劈砸，左拳护胸护裆，气沉丹田，意贯下盘，劲达四梢。

炮捶短拳（子母拳）

图三十七　　　　　　　图三十八

要领（图三十九）：提膝有蹬踏上冲之意，掩肘能护胸，有拦截对方、击打之意，手快心灵势必攻。

要领（图四十）：推掌意在掌根，力由背发，劲要整，两腿内扣，前后相争。

图三十九　　　　　　　图四十

要领（图四十一）：本式要领与十九式要领相同。

要领（图四十二）：本式动作与前式动作要连续自如，上下相随，意气身形协调统一。

图四十一

图四十二

要领（图四十三）：左掌撞掌力在掌根，意在右肘，有前后相争之力，步法要稳。

要领（图四十四）：气沉丹田，两臂有护肋护胸之意。

图四十三

图四十四

要领（图四十五）：意在穿掌撑踏，周身一家的整劲，力在掌根，步要稳，一弹即回的弹簧力，一团一屈，一开一合，气达于梢的炮捶的整力。

图四十五

要领（图四十六）：意贯指尖步法轻，上穿下踩走中心，内外结合动中求，松静自然万法通。

要领（图四十七）：气沉丹田，含胸拔背，两臂微屈意贯拳，心劲贯肘，有上托下沉之意。

要领（图四十八）：双撑捶意在拳心，肘要横，心平气和，气沉丹田。

要领（图四十九）：全身站立，虚领顶劲，含胸松背，气沉丹田，和面悦色。

图四十六　　　　　　　　图四十七

图四十八　　　　　　　　图四十九

三皇炮捶拳传承

自有文字记载以来，三皇炮捶拳至今已有300余年历史，共十代传人，经过历代前辈不断地繁衍、发展和完善，炮捶拳已发展到新的历史时期，尤其是以第四代传人为代表的，当时在北京城名震武林，威名显赫三皇门代表性人物宋彦超（字迈伦）、于连登。宋迈伦，冀县（今河北省衡水市冀州区）赵家村人，生于清嘉庆十五年（1810年），故于清光绪十九年（1893年）。他自幼酷爱武术，受伯父影响，9岁学艺，练习弓、刀、石、马、步、箭，20岁中举，后拜乔鹤龄为师继承发展三皇炮捶拳，宋迈伦博学多才，潜心研习各武术门派之精华，并与三皇炮捶融为一体，在家闭门3年，开创"夫子三拱手"之绝技，创新了三皇炮捶的拳功一体，内外兼修，创立宋派三皇炮捶拳。于连登，字金榜，自幼喜爱武枪弄棒，刻苦修炼，得以真传，逐渐形成了自己独特风格，开创了于派三皇炮捶拳，为三皇炮捶门传承做出了重要贡献。

清道光年间，宋迈伦进京报考神机营报效国家，被神机营老七王爷看重，在营中与各行武林高手比武，仅用一两个回合将对手打败，老七王爷惊呼："真乃神拳也！"御赐五品顶戴。从此，"神拳宋迈伦"享誉武林。宋迈伦成名后以武会友，广交朋友，先后与京城各武术门派大师相识，并结为挚友，其中有八卦掌创始人董海川大师，形意拳大师郭云深，杨式太极拳创始人杨露禅。宋迈伦在京耳闻目睹了朝政腐败，民不聊生，深感报国无望，辞去官职，在北京前门外粮食店街创办了北京第一家镖局——京都会友镖局，传授武艺，广收门徒。后为三皇炮捶门发展打下坚实的基础。

于连登一生有6个儿子和众多弟子，功夫均各有所长，其中六子于鉴（1871—1937年），长期暗地偷学，将拳路和拳理牢记在心里，每天早晚暗下苦功，终成大器。因于连登年事已高，身患重病，让于鉴带上书信到京城投师伯宋迈伦深造。于鉴进京拜师伯宋迈伦为师，由于于鉴练的是传统拳架，功架均整，刚柔相济，深得宋迈伦喜爱，得到师伯宋迈伦真传，功达上承。于鉴是唯一的合于、宋两家功法为一身的继承人，因他身材矮小，脑后留有小辫，江湖人称"小辫于"。于鉴进京都会友镖局后，镖局如虎添翼，他专走西北路镖，如河北、山西、内蒙古等地。由于他功夫精深，遐迩闻名数十年未曾失手，江湖人士听到京都会友镖局于鉴大名，纷纷回避让路。1860年英法联军侵略北京城，京都会友镖局的镖师们在神拳宋迈伦的率领下，为保护大栅栏重要商业区和民众的人身财产安全做出了突出贡献。当时京都会友镖局声名远扬，威震武林。山西军阀阎锡山得知京都会友镖局在武林界威望后，让副官李德茂进京找镖师到山西太原府任国术馆馆长。李德茂，年龄30开外，身高体壮，自幼习武，受过高人指点，功力深厚，性情狂傲，他进京后口出狂言试探京都会友镖局是否有高人胜他。当时于鉴已年过六旬，身材瘦小，脑后留有一条小辫，素着长衫，喜吸水烟，经常左手托着水烟袋与人攀谈，和人比武从不放下水烟袋。这天李德茂来到京都会友镖局，见眼前站一位瘦小老头，丝毫没有放在眼里。老镖师于鉴抱拳拱手道了声"请"，李德茂倒不客气，先后用连珠炮向老人家打来。此时于鉴并不慌张，上步闪身，使了一招泻肚捶，直奔李德茂小腹打来，李德茂见势不妙，慌忙换势想刁拿于鉴的腕子，没想到于鉴中途变势腕部外旋，猛地往上一翻，使出崩拳，用炮捶门弹簧劲，浑身一抖，只听"砰"的一声，已经打在李德茂的前胸，将他打翻在地。此时于鉴护身抱拳拱手，连声说："失手，失手，失手。"治服李德茂后在李德茂陪同下，老镖师于鉴带弟子李靖清，择日起程至山西太原府任太原国术馆总教官。于鉴主持国术馆不久，当地武林高手宴请于鉴大师，为其接风洗尘，实际上是想试试于鉴身手。在酒席宴前站起一位大汉，膀大腰圆，人高马大，口口声声请于鉴赐教。于鉴弟子李靖清下场比武。败在大汉手下，大汉高兴不已，盛气凌人，于鉴离席亲自下场与大汉比武。只见于鉴用了炮捶门一招苍鹰捎嗉——二趟炮捶拳的环形掌，正卡住大汉的咽喉，于鉴长臂长腰把大汉搡出殿房门处，把大汉重重地扔了出去，全场哗然，在座之人无不折服。从此，"小辫于"于鉴威震太原府。在国术馆任教期间他广收门徒，结交天下武林朋友，在山西太原城传授三皇炮捶拳，为炮捶门在山西扎根做出了重大贡献。于鉴在京期间长期在前门外九门钱市传授武艺，弟子众多，有"铁罗汉"王福全、大刀刘德胜、大枪侯金奎、陈友清等。其中代表性人物为"铁罗汉"王福全（1865－1953年）。他为人和善，耿直正道，注重武德修养，被武林朋友赞誉为"王老好"，是炮捶门继于鉴之后于、宋两家唯一的继承人，得一代宗师于鉴真传，拳法精悍，武功高超。他为穷人撑腰，大闹北京站，暴打人称"花斑豹"李四的当地一恶霸，为北京前门外火车站的穷哥们儿出了一口恶气。京都会友镖局第三代最著名的镖师有名扬武林界，号称京城"四大亭"的王兰亭、王显亭、王豪亭、孙立亭。他们各个身怀绝技，名震武林，还有大枪侯金奎，大枪陈友清，神弹子白云峰，大刀刘德胜，以及焦凤林、申武、刘奉朝、董永昌、李尧臣等。

"铁罗汉"王福全传承人中最得意的门生有祖仲惠（1915－1999年），他是炮捶门第七代著名的武术大师，北京昌平区人，自幼喜爱武术，习少林拳术、少林莲花掌功、达摩功、磨盘功，精通中医正骨按摩，把中医学、武术学融会贯通。他为人和善，尊师重道，德义双修，功夫精悍，是20世纪五六十年代著名的武术大家，一代宗师。他与北京八极拳大师王金声先生交情甚厚，经常交流八极功法，相互探讨，二人成为密友。20世纪50年代后收徒，其弟子有王紫祥、赵维民、张凯、张福琴、信长清、杜连贵、李和、李海、祖飞龙、祖存保、祖存福等。1982年3月14日，北京市武术协会三皇炮捶研究会成立，其任副会长、顾问等职，他是炮捶门第七代传承人中最有代表性的人物，为今后炮捶门在北京地区的发展起到了重要的推动作用。

第八代三皇炮捶拳传承人中最著名的武术家就是张凯老先生，他是近代承前启后的代表性人物，为三皇炮捶拳的发展做出了重要的贡献。张凯早年拜三皇炮捶拳名家祖仲惠先生为师，后又从师伯崔廷瑞先生深造炮捶门的功法、技击及三皇门的内功心法、养生功等，艺精功深，内外兼修。1956—1969年，先后参加了北京市武术比赛，并在比赛中取得优异成绩。1980年，参加第二届全国武术交流观摩大会，并获得金奖。1983—1984年，荣获优秀辅导员和全国千名武术辅导员称号，在参加武术挖整工作中被评为全国武术挖整先进个人和北京市武术挖整先进个人。他是北京市武术运动协会委员，第三届、第四届副秘书长，第五届顾问，1982年，创办成立了北京三皇炮捶研究会，任第一届、第二届秘书长，第三届、第四届、第五届会长。北京京华武馆馆长，济南市形意拳研究会顾问，北京孙式太极拳研究会顾问，北京通背拳研究会顾问，北京工业大学总教练，现为中国武术八段。1996年退居二线，担任名誉三皇炮捶研究会会长，自1982起先后在《北京武坛》《北京体育》《武魂》《体育之春》《精武》《中华武术》《武术健身》《中国体育报》等多家报刊上发表数十篇武术论著，同时还整理了几十万字的武术材料，著有《炮捶短拳》《三皇炮捶镖局功夫》《北京武术史概况》等专著。1991年6月，代表市武术运动协会参加了首届国际传统武术交流大会，获得优胜奖。同年7月，随北京市体委出访日本。1998年12月，由人民体育出版社音像部拍摄武术专题片，在片中详细描述和演练了三皇炮捶拳拳术、器械对练及散打等，受到武术界同仁的极大关注和好评，为三皇炮捶门发展起到重要的主导作用。2010年8月6日，应北美唐手道武术协会邀请赴美国亚利桑那州图森市传艺交流，把三皇炮捶拳推广到美国，为弘扬中华传统文化和武文化做出了重要贡献。

三皇炮捶拳传代谱

一代　普　照

二代　乔三秀

三代　乔鹤龄

四代　于连登

五代　于　鉴

六代　王福全

七代　陈　昆　　王文元　　祖仲惠（张凯的师父，高文成的师爷）
　　　祖仲芳　　祖仲元　　史振祥　　石兰田　　何所印　　冯金良

八代　王紫祥　　赵维民　　张　凯（高文成的师父）　　张福琴
　　　信长清　　杜连贵　　李　和　　李　海　　张广厚　　韩天林
　　　刘玺敏　　祖飞龙　　祖丽蓉　　祖存保　　祖存福　　李加骥
　　　王德勤　　邱　杰　　姚德录　　范恬远　　万家良　　窦其水
　　　刘文斌　　孟庆龙　　钱　峰　　陈万胜　　张　鹏　　王建祥
　　　王志荣　　柴玉彬　　蔡　健　　李新泉　　祖　静　　祖　明
　　　张　健　　王文瑞　　李景海　　田茂荣

九代　金林祥　　袁庆和　　王雅玲　　靳宝兰　　赵康恒　　梁锁昌
　　　李孟然　　李光龙　　蒋全考　　刘富从　　马　峥　　李　进
　　　周乐强　　王　强　　王　彪　　唐　郎　　贾志祥　　廖志文
　　　杨宏伟　　陈淑兰　　赵秀清　　刘燕波　　刘忠贤　　郭　杰
　　　邵　青　　傅　征　　张建宁　　祁振海　　付承毅　　蒋安峰
　　　董大民　　王荣生　　王燕生　　郑秉武　　赵洪华　　刘国良
　　　冯学文　　李建民　　张建国　　曹殿顺　　李国清（加拿大）
　　　于万林　　刘燕平　　李进荣　　张佩东　　蔡华风　　张惠娟

	崔丽华	张年长	朱朝辉	张民义	李　誉	刘福斋
	张　金	王长江	杨学武	胡成银	段长泉	王增泉
	乔建国	孟云彤	张　罡	高文成	王进华	徐维功
	代　豪	郭晓明	刘兴华	万代林	李连祥	本田唯仁（日本）
	汤姆（美国）	陈廷森	呼万鹏	李岩龙	王艳霞
	赵子成	刘俊杰	王登明	曹　峰	胡凯宁	王　琪
十代	刘胜利	游要辉	高建民	富　军	富　平	黎　明
	黎　晓	岳　辉	张英华	韩利群	朱景莉	周建国
	张和全	赵玉龙	高建民	刘胜利	裴雪莲	周研南
	张　萌	高兆军	王志刚	孔德利	刘　畅	李　静
	黄　岩	陈少恩	冯　娟	田　浩	呼程程	代一龙
	边子超	刘　虎	李　杉	李　光	耿文鹤	张　扬
	王家宝	屈水令	刘　异	赵元龙	瑞龙（西班牙）
	瑞雅（西班牙）	张威风	吕少云	邢英军	张芳芳
	于林涛	于林波	张　杰	赵科林	吴　越	瑞墨（西班牙）
	瑞丽（西班牙）	瑞博（美国）	瑞礼（美国）
	曹元置	刘　佳	杜　玛	吴　超